Taffy Davies

Ein neuer Stern am Himmel

Weltraum-Bilder von Mike Carroll
Biblische Bilder von Victor Ambrus

FRANCKE
Verlag der Francke-Buchhandlung GmbH

Wenn man in einer klaren Nacht zum Himmel hinaufschaut, sieht man unzählig viele Sterne. Allerdings ist das nur ein Bruchteil aller existierenden Sterne, denn es ist einfach unmöglich, sie alle von der Erde aus zu sehen.

Die Sterne sind so weit entfernt, daß man sie als Muster oder Formationen am Himmel wahrnehmen kann. Diese Formationen nennt man Sternbilder. Einer ganzen Reihe dieser Sternbilder hat man Namen gegeben, zum Beispiel „Der große Bär“ oder „Orion“. Sie bewegen sich langsam, verändern und entwickeln sich ständig neu.

Einige Sterne sind noch sehr jung, sie sind erst vor relativ kurzer Zeit entstanden. Andere wiederum werden bereits kalt, verlieren ihre Leuchtkraft, schwinden dahin und vergehen. Einige Sterne explodieren in hellem Licht, bevor sie endgültig erlöschen. Das nennt man Supernova.

Vor etwa 2000 Jahren strahlte ein heller Stern am Himmel. Er stand über einem Land, das Palästina hieß, und über einer Stadt mit Namen Bethlehem. Das war genau zu der Zeit, als ein Baby auf die Welt kam, das den Namen Jesus trug. Als der Stern am Himmel erschien, erregte er die Aufmerksamkeit einiger kluger Männer, die schon lange Sterne beobachteten und sich mit ihnen auskannten. Sie waren davon überzeugt, daß dieser Stern die Geburt eines neuen Königs anzeigte. Deshalb verließen sie ihr Heimatland im Osten und machten sich auf die Suche nach dem König.

Niemand weiß genau, was dieser Stern – man nennt ihn den Stern von Bethlehem – eigentlich war. In alten jüdischen Schriften wurde berichtet, daß einmal ein neuer Stern am Himmel erscheinen und die Geburt des langerwarteten Messias – des Befreiers des jüdischen Volkes – anzeigen würde. Der Stern von Bethlehem könnte ein Komet gewesen sein. Es könnte aber auch sein, daß zwei Planeten zusammengestoßen oder sich zumindest sehr nahe gekommen waren. Vielleicht war es aber auch eine Supernova – ein ganz besonderes und seltenes Ereignis –, die die Ankunft des neuen Königs ankündigte.

Aber was immer der Stern von Bethlehem auch war, wie immer er auch entstand, jedenfalls war er ein sehr heller, auffälliger Stern. So hatte Gott es geplant, genauso wie er geplant hatte, daß Jesus zu einer bestimmten Zeit und an einem bestimmten Ort auf diese Welt kommen sollte.

Am Anfang war nichts.

Da war nichts über dem Nichts, und nichts unter dem Nichts. Das Nichts hatte keinen Anfang, und das Nichts hatte kein Ende. Das Nichts hatte kein Gestern, und das Nichts hatte kein Morgen.

Und aus dem Nichts kam die Stimme Gottes.

„Es werde Licht!“ sagte Gott. Da wurde das Nichts erschüttert und brach in sich zusammen.

Anstelle des großen schwarzen Nichts setzte Gott Licht und Dunkelheit. Er nannte es Tag und Nacht. Gott schuf die Sterne, die Galaxien, den Himmel. Und in seine gewaltige Schöpfung setzte Gott einen kleinen Planeten, der sich um seine eigene Achse drehte. Das war die Erde.

Gott füllte das Universum mit Galaxien, die sich spiralförmig drehten. Er formte glühende Gase zu Sternen. Er machte Planeten, die sich um diese Sterne drehten. Er setzte Formationen aus nebligen Gasen in den tiefschwarzen Raum. Bald drehten sich Milliarden von Sternen und Kometen um sich selbst, umschwebten einander oder schwirrten durch den Raum.

Aus den unzähligen Sternen, die ihre Bahn durch das All zogen, wählte Gott einen ganz bestimmten Stern aus. Gott hatte einen Plan für ihn: Dieser Stern sollte zu einer bestimmten Zeit in der Geschichte der Erde eine wichtige Rolle spielen. Auf diesen bestimmten Augenblick bereitete Gott seinen ausgewählten Stern vor.

Hoch über dem Planeten Erde zogen Milliarden von Sternen durch das Universum. Aber nur wenige von ihnen, nämlich die hellsten und die, die am wenigsten entfernt waren, konnten die Menschen von der Erde aus sehen.

Ein Stern, Gottes ausgewählter Stern, begann zu leuchten und zu funkeln, so wie viele andere Sterne auch. Kometen sausten an ihm vorbei und verschwanden in der Unendlichkeit des Alls. Der Stern war nicht besonders hell, denn er war jung und hatte sich noch nicht richtig entwickelt. Seine Zeit war noch nicht gekommen.

Jakob, einer von Abrahams Enkeln, hatte 13 Kinder. Von ihnen mochte er seinen Sohn Josef am liebsten. Josefs Brüder waren deshalb eifersüchtig und faßten den Plan, ihren Bruder zu töten. Aber Juda, Jakobs vierter Sohn, schlug vor, daß sie ihn nicht töten, sondern lieber an einen Händler verkaufen sollten. Und das taten sie auch.

Josef kam als Sklave nach Ägypten. Dort half er einmal dem Pharao, dem König dieses Landes. Aus Dankbarkeit machte der Pharao ihn zum Aufseher über die Kornspeicher.

Bald darauf wurde das Land von einer Hungersnot heimgesucht. Während dieser Hungersnot kamen Jakobs Söhne nach Ägypten, denn sie hatten nichts mehr zu essen. Josef erkannte seine Brüder sofort. Er vergab ihnen, als er bemerkte, daß es ihnen leid tat, was sie ihm angetan hatten.

Josef holte seine ganze Familie nach Ägypten, wo sie mit ihm leben sollte.

So sorgte Gott dafür, daß Jakobs Familie während der Hungersnot genug zu essen bekam, auch wenn sie nun in einem fremden Land wohnen mußten.

Hoch über dem Planeten Erde funkelte und leuchtete der ausgewählte Stern. Wenn die Menschen auf der Erde sich angestrengt und sehr genau geschaut hätten, wären ihnen vielleicht am dunklen Nachthimmel kleine Lichtpunkte zwischen den hellsten Sternen aufgefallen. Aber den ausgewählten Stern hätten sie nicht gesehen. Er leuchtete zu schwach, als daß er unter den Milliarden anderen, viel helleren Sternen aufgefallen wäre. Er wartete noch immer auf seinen besonderen Augenblick.

Der Planet Erde, der Planet mit den grünen und blauen Flächen, mit Land und riesigen Ozeanen, zog seine Runden im All. Er drehte sich auch um einen Stern, um die Sonne.

Naemi und ihre Schwiegertochter Ruth hatten Moab verlassen und waren auf dem Weg in das Land Juda. Sie suchten etwas zu essen. Ruths Mann und ihre Söhne waren gestorben. Deshalb mußte sie eine neue Heimat suchen. Naemis Heimatstadt war Bethlehem. Dorthin gingen die beiden Frauen nun.

„Ich habe so viel Trauriges erlebt", erzählte Naemi dort ihren alten Freunden. „Aber Ruth ist immer gut zu mir gewesen. Sie hat mir versprochen, bei mir zu bleiben."

Ein Mann mit Namen Boas war einer von Naemis Verwandten. Er war ein Nachkomme von Abraham, Isaak, Jakob und Juda. Boas war sehr reich, denn er besaß viele fruchtbare Felder. Es war gerade Erntezeit. Ruth sagte zu Naemi, daß sie auf den Feldern nach etwas zu essen schauen wollte. Es gab nämlich ein Gesetz, das besagte, die Armen dürften all das Getreide auflesen, das die Feldarbeiter liegengelassen hatten. Ruth ging auf ein Feld, das Boas gehörte. Boas bemerkte Ruth und sah, wie hart sie arbeitete. Man erzählte ihm, daß Ruth für Naemi sorgte. Da gab Boas Anweisung, daß seine Arbeiter besonders viel Getreide für Ruth liegenlassen sollten.

Ruth sammelte bis in den Abend hinein Getreide. Dann machte sie sich auf den Heimweg zu ihrer Schwiegermutter Naemi.

Als sie damals unter dem Sternenhimmel ihres Weges ging, wußte Ruth noch nicht, daß auch sie ein Teil von Gottes Rettungsplan für die Menschen war.

Ruth und Boas heirateten. Die beiden bekamen einen Sohn, das war Obed.

Und Obed wurde der Großvater eines großen Königs.

Um die Erde herum erstreckte sich ein dünnes Band. Das war die Atmosphäre. Wie ein Schutzschild umgab sie den blauen Planeten. Die Erde drehte sich um die Sonne. Dabei war ihre eine Hälfte hell, die andere dunkel. Die Erde hatte die richtige Entfernung zur Sonne, nicht zu nah, daß es zu heiß, und nicht zu weit entfernt, daß es zu kalt würde.

Der Planet Erde besaß keine Ringe wie der Saturn. Er hatte auch keine dichte, undurchdringliche, blaue Atmosphäre wie der Neptun. Aber Gott liebte ihn und hatte einen besonderen Plan für die Menschen, die auf ihm lebten.

Der ausgewählte Stern zog noch immer ruhig seine Runden im All. Die Zeit, in der sich Gottes Plan erfüllen sollte, war nähergekommen. Und der ausgewählte Stern hatte seine Bestimmung, die zu Gottes großem Plan gehörte.

Viele Jahre waren vergangen. Obed, Ruths Sohn, war älter geworden. In Israel herrschte König Saul. Aber Gott hatte Obeds Enkel David ausgewählt, er sollte König werden. David war ein Hirtenjunge und kümmerte sich um die Schafe seines Vaters. Aber eines Tages mußte er gegen einen Riesen kämpfen, das war Goliath. In diesem Kampf zeigte sich, daß Gott auf Davids Seite war. David war ein kräftiger junger Mann, ein begabter Musiker und ein hervorragender Dichter. Und mit Gottes Hilfe wurde er auch ein starker König. Unter seiner Herrschaft wurde Israel ein großes und mächtiges Volk.

David wußte, daß Gott die Menschen liebte. Aber als er einmal zum nächtlichen Himmel hinaufschaute und den Mond und die Sterne sah, da staunte er doch darüber, daß sich Gott gerade um die Menschen kümmerte, wo er doch ein so großartiges Universum geschaffen hatte. David wußte nicht, daß einige hundert Jahre später ein kleines Kind in Bethlehem zur Welt kommen sollte, das man den „Sohn Davids“ nennen würde. Dieses Kind sollte im Mittelpunkt von Gottes Plan stehen.

Alles war vorbereitet. Der ausgewählte Stern leuchtete hell am Himmel. Aber er war noch nicht so hell, daß er von den Menschen bemerkt wurde. Doch nun war die Zeit gekommen. Gott hatte beschlossen, seinen Sohn auf die Erde zu schicken. Das war sein Plan, mit dem er die Menschen retten wollte.

Jakob, einer von Abrahams Enkeln, hatte 13 Kinder. Von ihnen mochte er seinen Sohn Josef am liebsten. Josefs Brüder waren deshalb eifersüchtig und faßten den Plan, ihren Bruder zu töten. Aber Juda, Jakobs vierter Sohn, schlug vor, daß sie ihn nicht töten, sondern lieber an einen Händler verkaufen sollten. Und das taten sie auch.

Josef kam als Sklave nach Ägypten. Dort half er einmal dem Pharao, dem König dieses Landes. Aus Dankbarkeit machte der Pharao ihn zum Aufseher über die Kornspeicher.

Bald darauf wurde das Land von einer Hungersnot heimgesucht. Während dieser Hungersnot kamen Jakobs Söhne nach Ägypten, denn sie hatten nichts mehr zu essen. Josef erkannte seine Brüder sofort. Er vergab ihnen, als er bemerkte, daß es ihnen leid tat, was sie ihm angetan hatten.

Josef holte seine ganze Familie nach Ägypten, wo sie mit ihm leben sollte.

So sorgte Gott dafür, daß Jakobs Familie während der Hungersnot genug zu essen bekam, auch wenn sie nun in einem fremden Land wohnen mußten.

Hoch über dem Planeten Erde funkelte und leuchtete der ausgewählte Stern. Wenn die Menschen auf der Erde sich angestrengt und sehr genau geschaut hätten, wären ihnen vielleicht am dunklen Nachthimmel kleine Lichtpunkte zwischen den hellsten Sternen aufgefallen. Aber den ausgewählten Stern hätten sie nicht gesehen. Er leuchtete zu schwach, als daß er unter den Milliarden anderen, viel helleren Sternen aufgefallen wäre. Er wartete noch immer auf seinen besonderen Augenblick.

Der Planet Erde, der Planet mit den grünen und blauen Flächen, mit Land und riesigen Ozeanen, zog seine Runden im All. Er drehte sich auch um einen Stern, um die Sonne.

„Ein neuer Stern! Da ist ein neuer Stern am Himmel!“ sagte der kluge Mann zu seinen beiden Freunden. Rasch holten sie ihre alten Schriftrollen hervor und bliesen den Staub von ihnen. Sie schauten zum nächtlichen Himmel hinauf und untersuchten die Formationen und Sternenbilder. Dann lasen sie in ihren Schriften und Büchern.

„Ein neuer Stern wurde geboren“, sagten sie. „Nach unseren Berechnungen kann das nur eines bedeuten: Ein neuer König ist zur Welt gekommen. Laßt uns dem Stern folgen und sehen, wohin er uns führt!“

So bereiteten die drei Männer ihre Reise vor. Sie wußten natürlich nicht, wie lange sie brauchen und wohin sie kommen würden. Aber sie waren sich sicher, daß sie am Ende der Reise einen neuen König finden würden. Deshalb packten sie auch wertvolle Geschenke ein, nämlich Gold, Weihrauch und Myrrhe, das waren kostbare Gewürze. Dann begannen sie ihre Reise. Der Stern führte sie.

Das Licht des ausgewählten Sterns strahlte und leuchtete zwischen den anderen Sternen. Aber sein Licht war viel heller geworden. Seine Helligkeit war ausreichend, so daß sie den drei Reisenden auf der Erde den Weg zeigen konnte.

Der Stern leuchtete gewaltig und überstrahlte alles am Himmel. Jetzt erfüllte er seine Aufgabe. Für diese Aufgabe hatte Gott ihn geschaffen.

In der Zwischenzeit hatte einer von König Davids Nachfahren eine Reise in die kleine Stadt Bethlehem angetreten. Sein Name war Josef. Maria, seine Frau, erwartete ihr erstes Kind. Der Kaiser von Rom hatte den Befehl gegeben, daß die Menschen in ihre Geburtsstadt gehen und dort gezählt werden mußten. Deshalb begab sich Josef nach Bethlehem.

In Bethlehem waren viele Menschen. Maria und Josef fanden keinen Platz, wo sie bleiben konnten. Doch ein freundlicher Herbergswirt stellte ihnen seinen Stall zur Verfügung. Dort konnten sie übernachten, solange sie in Bethlehem waren. In diesem Stall bekam Maria ihren kleinen Jungen. Sie wickelte das Kind in Tücher und legte es in eine Krippe. Sie nannten es Jesus.

Gott hatte seinen Sohn als Baby auf diese Erde geschickt.

Der ausgewählte Stern war das hellste Licht am Himmel. Er leuchtete heller als ein Komet, und sein Licht war beständiger als das Licht, das beim Zusammenprall von Planeten entsteht. Es war wie ein Pfeil vom Himmel, das den Reisenden den Weg zu dem kleinen Jesus zeigte. Das Licht des Sterns strahlte heller als die Sonne, es flutete über die Erde und über ein Kind, das einmal „das Licht der Welt“ sein würde.

Die Reisenden waren lange Zeit dem Stern gefolgt. Nun kamen sie in die Stadt Jerusalem. Weil sie ja nach einem König suchten, gingen sie zum Palast von König Herodes.

„Wo ist der neugeborene König der Juden?" fragten sie. „Wir haben den hellen Stern gesehen, und wir sind gekommen, den König anzubeten."

Herodes war von diesen Worten sehr verwirrt. Er rief seine Ratgeber herbei und fragte sie, in welcher Stadt wohl ein neuer König auf die Welt gekommen sein könnte. Die Ratgeber schauten in ihren Schriften nach und gaben ihm die Antwort: Bethlehem.

Herodes wurde zornig. Schließlich war er ja der König von Israel. Aber trotzdem sagte er den drei klugen Männern, daß sie nach Bethlehem gehen müßten. Dort wäre der neue König geboren. „Wenn ihr ihn gefunden habt, kommt zurück zu mir. Dann will auch ich hingehen und ihm meine Ehre erweisen", sagte Herodes. Aber er hatte einen anderen Plan. Er wollte nicht zulassen, daß ihm jemals ein anderer seinen Königsthron streitig machen würde.

Die klugen Männer aus dem Osten fanden in Bethlehem tatsächlich Jesus, den neugeborenen König. Sie wußten, nun waren sie am Ziel ihrer Reise. Sie überreichten Jesus die Geschenke, dann machten sie sich auf den Rückweg. Doch sie gingen nicht nach Jerusalem. Ein Engel Gottes war zu ihnen gekommen und hatte sie gewarnt. Sie sollten einen anderen Weg für ihre Rückreise nehmen. Gott wollte, daß seinem Sohn nichts passieren sollte. Und das war gut so, denn König Herodes ließ alle neugeborenen Kinder in Bethlehem töten.

Der ausgewählte Stern leuchtete noch immer am Nachthimmel, hoch über der Erde. Nun aber war er kein Wegweiser mehr für Reisende, obwohl sein Licht noch immer hell leuchtete und er heißer war als die Sonne. Aber in seinem Inneren, in seinem Kern, wurde es dunkler und kälter. Die Strahlen, die er zur Erde schickte, wurden schwächer, waren weniger hell, sie waren mehr wie die Strahlen der anderen Sterne. Der Stern glühte zwar noch immer, aber er erkaltete langsam.

Seit der Erschaffung des Universums hatte er existiert. Gott hatte für ihn eine Aufgabe gehabt. Doch diese Aufgabe war nun erfüllt.

Der Stern begann zu sterben.

Aus dem kleinen Baby Jesus war nun ein erwachsener Mann geworden. Er zog durch das Land Palästina und erzählte den Menschen von Gott, seinem Vater. Er erzählte ihnen, wie sehr Gott sie liebte. Er heilte Kranke, Blinde und Lahme. Und er tat auch Dinge, die für Menschen nicht möglich sind. So verwandelte er einmal Wasser in Wein.

Jesus wurde geachtet, aber er wurde auch gefürchtet. Er wurde geliebt, aber er wurde auch gehaßt. Gott hatte dafür gesorgt, daß sein Sohn auf-

wachsen konnte, ohne daß ihm etwas passiert war. Doch jetzt, als er erwachsen war, hatte Gott einen anderen Plan für ihn.

Jesus hatte Feinde. Diese Feinde taten sich zusammen und sorgten dafür, daß er wegen falscher Anschuldigungen ins Gefängnis kam. Seine Freunde versuchten, ihm zu helfen, doch sie konnten nichts tun. Man verurteilte Jesus zum Tode.

Am Freitag vor dem Passahfest, dem wichtigsten jüdischen Feiertag, wurde Jesus an ein hölzernes Kreuz genagelt und starb. Das war genau das, was seine Feinde wollten. Aber sie wußten nicht, daß sein Tod ein Teil von Gottes Plan war.

Der ausgewählte Stern wurde kälter und kälter. Seine unglaubliche Hitze war erloschen.

Aber plötzlich wurde es schwarz am Himmel. Für einen Moment leuchtete kein Stern mehr. Das Licht war aus der Welt verschwunden.

Das war der Moment, in dem auch der Kern des Sterns zusammenbrach. Mit letzter Kraft schleuderte er seine Gase tief in den Weltraum. Und mit einer einzigen enormen Anstrengung explodierte er nach innen.

Dann war nichts mehr von ihm übrig als ein schwarzes Loch.

Der Stern war erloschen und existierte nicht mehr.

Jesu Tod war kein schrecklicher Fehler. Er war Gottes Plan. Er war nicht das Ende, sondern der Anfang.

Drei Tage, nachdem Jesus am Kreuz gestorben war, kamen seine Freunde zu seinem Grab. Sie wollten seinen Körper mit Ölen einreiben. Damit wollten sie Jesus noch einmal eine besondere Ehre erweisen.

Aber Jesus lag nicht mehr im Grab. Statt dessen begegnete er kurze Zeit später einigen Menschen, die ihn lieb gehabt hatten. Er war lebendig. Er sprach mit ihnen. Er setzte sich zu ihnen, aß mit ihnen und erzählte ihnen, was geschehen war. Er sagte: „Alles, was mir geschehen ist, gehört zu Gottes Plan!“

Dann kehrte Jesus wieder zurück zu seinem Vater in den Himmel. Dort wartet er auf seine Freunde. Gott hatte es möglich gemacht, daß Männer, Frauen und Kinder wieder mit ihm leben, mit ihm spazierengehen und mit ihm reden können, genau wie Adam und Eva es taten. Das war es, was Gott von Anfang an gewollt hatte.

Aber Jesus ließ seine Freunde auf der Erde nicht alleine. Er schickte ihnen den Heiligen Geist, seine Lebenskraft, um ihnen zu helfen. Jesu Leben und sein Vorbild scheinen auch heute noch in der Dunkelheit dieser Welt und geben Leben und Richtung. Dieses Licht wird niemals enden.

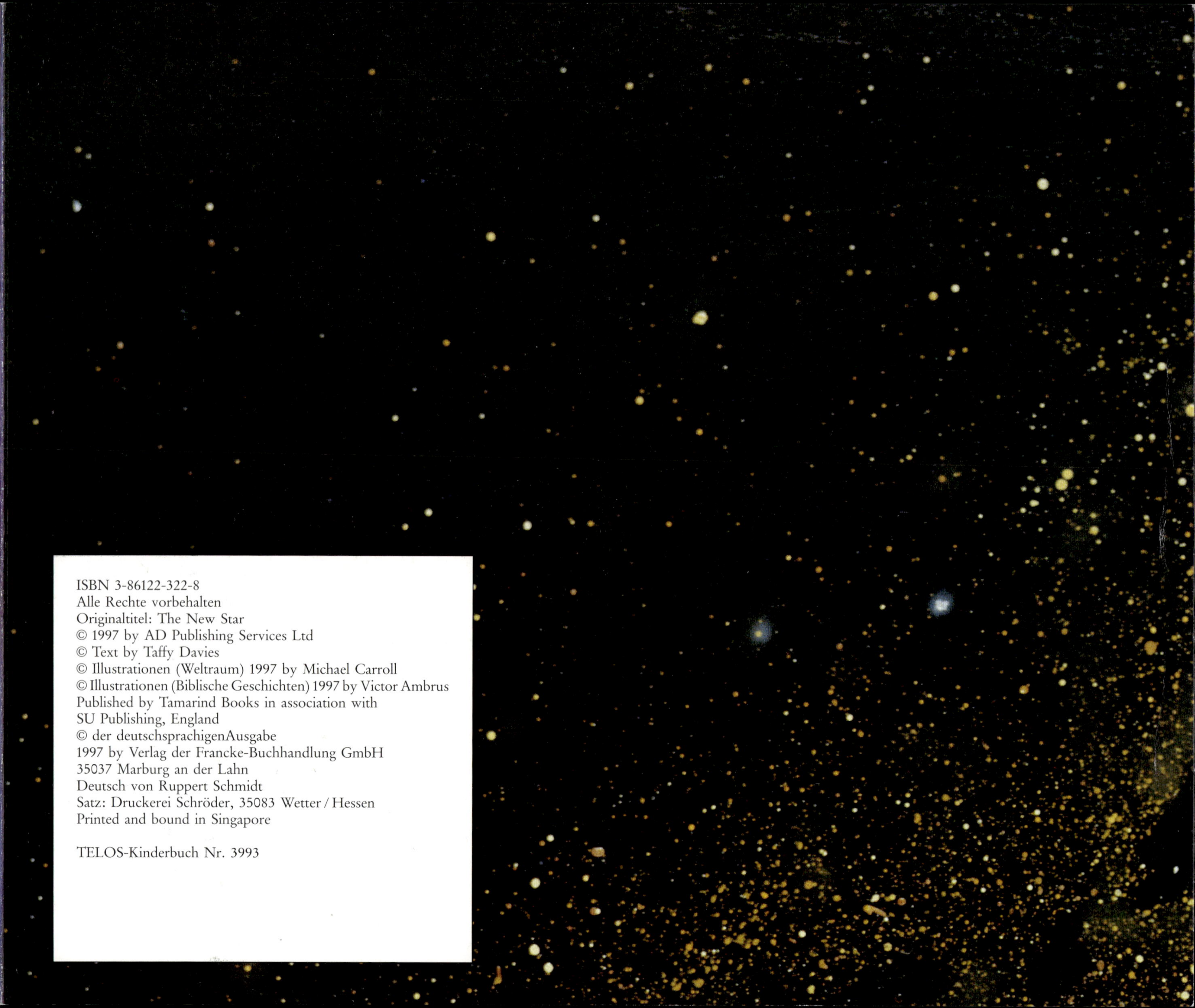

ISBN 3-86122-322-8

Originaltitel: The New Star

Published by Tamarind Books in association with
SU Publishing, England

Deutsch von Ruppert Schmidt
Satz: Druckerei Schröder, 35083 Wetter / Hessen
Printed and bound in Singapore

TELOS-Kinderbuch Nr. 3993